# 梁拱组合连续刚构桥
## ── 施工技术指南 ──

宋鹏飞　陈胜凯　李亚勇　向中富／主编

重庆大学出版社

## 内容提要

本指南以我国交通运输部最新颁布的技术标准和技术规范为依据,系统地介绍了梁拱组合连续刚构桥施工过程中需要考虑的关键技术和有关要点。本指南基于通用的工程建设理论及原则编制,共 8 章,主要内容包括总则、术语、基本规定、上弦梁施工、下弦拱施工、上弦梁与下弦拱斜拉扣挂施工、上弦梁与下弦拱斜拉结合段施工、施工监测。

本指南可供桥梁施工、管理等工程技术人员参考使用。

**图书在版编目(CIP)数据**

梁拱组合连续刚构桥施工技术指南／宋鹏飞等主编
. -- 重庆:重庆大学出版社,2023.2
ISBN 978-7-5689-3695-8
Ⅰ.①梁… Ⅱ.①宋… Ⅲ.①拱桥—连续刚构桥—桥梁施工—指南 Ⅳ.①U448.23-62
中国国家版本馆 CIP 数据核字(2023)第 006874 号

**梁拱组合连续刚构桥施工技术指南**
**LiangGong ZuHe LianXu GangGouQiao ShiGong JiShu ZhiNan**

宋鹏飞 陈胜凯 李亚勇 向中富 主编
责任编辑:林青山 版式设计:夏 雪
责任校对:刘志刚 责任印制:赵 晟

\*

重庆大学出版社出版发行
出版人:饶帮华
社址:重庆市沙坪坝区大学城西路 21 号
邮编:401331
电话:(023)88617190 88617185(中小学)
传真:(023)88617186 88617166
网址:http://www.cqup.com.cn
邮箱:fxk@ cqup.com.cn(营销中心)
全国新华书店经销
重庆巍承印务有限公司印刷

\*

开本:787mm×1092mm 1/16 印张:4.75 字数:56 千
2023 年 2 月第 1 版 2023 年 2 月第 1 次印刷
ISBN 978-7-5689-3695-8 定价:39.00 元

# 编委会

主编单位:中建隧道建设有限公司

重庆交通大学

林同棪国际工程咨询(中国)有限公司

主　　编:宋鹏飞　陈胜凯　李亚勇　向中富

副 主 编:谭芝文　曹喜良　戴亦军　周学勇

赖亚平　王朝晖　丁艳超

参编人员:张　斌　王　蓬　邱　琼　李仁杰

秦宗琛　魏全成　苟成龙　张文魁

张　帅　成　侯　罗　晨　税　健

张　剑

# 前　言

　　根据重庆市技术创新与应用示范项目(社会民生类重点研发项目)"大跨径梁拱组合刚构桥建设关键技术研究与应用示范"要求,在梁拱组合连续刚构桥设计及施工技术和相关科研成果的基础上,以完善和提升梁拱组合连续刚构桥施工技术为核心,以推广应用该类新桥型、新结构、新技术为目的,编制本指南。

　　本指南共8章,主要内容包括:1.总则;2.术语;3.基本规定;4.上弦梁施工;5.下弦拱施工;6.上弦梁与下弦拱斜拉扣挂施工;7.上弦梁与下弦拱结合段施工;8.施工监控。

　　本指南基于通用的工程建设方法及原则编制,适用于本指南提出的应用条件。对于某些特定的专项施工条件,使用本指南相关条文时,应对其适用性及有效性进行验证。

　　本指南由中建隧道建设有限公司、重庆交通大学负责具体技术内容的解释,在执行过程中如有意见或建议,请函告本指南日常管理组:中建隧道建设有限公司(地址:重庆市巴南区花溪街道建宏路175号中建大厦;邮编:401320;电话:023-86817561;传真:023-86817560),以便修订时研用。

编　者

# 目　录

# 1 总　则

1.0.1　为规范梁拱组合连续刚构桥施工,特制定本指南。

1.0.2　本指南适用于大跨径梁拱组合连续刚构桥的施工。

1.0.3　梁拱组合连续刚构桥结构施工除应符合本指南的规定外,尚应符合国家和行业现行有关标准的规定。

# 2 术 语

## 2.0.1 梁拱组合连续刚构桥

一种将预应力混凝土连续刚构和上承式拱相结合,形成自平衡无推力受力体系,改善跨中下挠、腹板开裂病害,提高结构刚度,实现更大跨越能力的新型组合桥梁。梁拱组合连续刚构桥结构如图2.1所示。

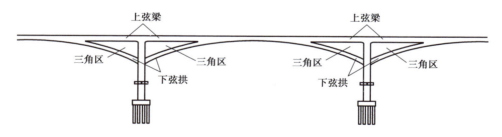

图 2.1 梁拱组合连续刚构桥结构

## 2.0.2 上弦梁

梁拱组合连续刚构桥的梁拱三角区段顶部直接承受车辆荷载的平直梁段。

### 2.0.3 下弦拱

梁拱组合连续刚构桥的梁拱三角区段下部连接上弦梁与主墩之间的曲线拱段。

### 2.0.4 梁拱结合段

梁拱组合连续刚构桥的梁拱三角区上弦梁、下弦拱交汇后至常规梁段之间的节段。

### 2.0.5 临时斜拉扣挂

采用临时扣塔、扣索扣住上弦梁和下弦拱形成斜拉扣挂体系,利用扣索控制主拱标高、轴线变形的施工方法。

### 2.0.6 斜行挂篮

下弦拱段施工采用倒三角挂篮,带有止推装置,适应曲线下弦拱段施工。

# 3 基本规定

3.0.1 施工准备应按相关现行标准要求进行。

3.0.2 在开工前,应组织技术人员熟悉设计图纸,领会设计意图,核对工程数量,检查图纸中的遗漏、错误。应进行现场核实,全面核对坐标、高程和关键构造尺寸。对图纸中存在的问题以及对设计的建议,应及时上报,并接受设计单位的设计技术交底。

3.0.3 施工实行首件工程验收制度。对桥梁的基础、墩柱、墩台(帽)、箱梁(上弦梁、下弦拱)现浇、桥面整体化调平、伸缩装置安装、护栏等分项工程,以及其他建设单位认为有必要实行首件工程验收制度的工程,待第一个成品或半成品完成后,应由监理工程师组织施工单位对首件工程的各项技术、质量、安全指标和措施等进行总结和综合评价,验证施工工艺的可靠性、合理性,找出工、料、机的最佳组合方式与相关工艺参数。首件工程结束后,施工单位应编制首件工程总结报告,其内容宜包括施工技术方案、施工工艺、质量保证措施、缺陷分析及采取的整改措施、检测数据、主要施工管理人员和质量责任人等。首件工程总结报告经批准后方可进行批量施工。

3.0.4 应在开工前对单位工程、分部工程和分项工程进行划分,并报送监理工程师,经批准后对工程质量进行检验和评定。施工过程中应及时对相关资料进行整理、归档,并按建设单位要求的时限提交交(竣)工文件,经审核合格后,存放到指定地点。

3.0.5　本指南未涉及的其他部位施工,应符合设计及相关技术标准要求。

# 4 上弦梁施工

## 4.1 上弦梁 0 号块托架要求

4.1.1 0 号块托架应具有足够的强度、刚度和稳定性。

4.1.2 托架应针对墩身结构进行设计。图 4.1 所示为六边形墩身的 0 号块托架布置示意图。

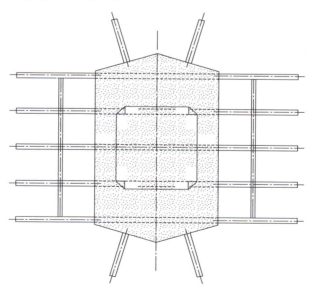

图 4.1 主墩 0 号块托架布置示意图

4.1.3　托架可采用塔吊吊装,工序宜为:托架逐个起吊就位后,上口采用精轧螺纹钢对拉固定,下口焊接于预埋钢板上,固结前需测量并复核每片托架的高程及垂直度等,最后施加平联形成整体,平铺分配梁。

4.1.4　托架使用前应预压。图4.2所示为主墩0号块托架预压示意图。

图4.2　主墩0号块托架预压示意图

## 4.2　上弦梁挂篮

4.2.1　主墩上弦梁可采用菱形挂篮形式,挂篮主要由主桁承重系统、悬吊系统、锚固系统、行走系统、模板及操作平台系统组成。上弦梁挂篮施工总体布置图如图4.3所示。

4.2.2　主桁承重系统应由两片承重主桁、前横梁、后横梁及连系桁架组成,如图4.4所示。

4.2.3　悬吊系统可分为前悬吊和后悬吊两部分(图4.5),主要由精轧螺纹钢、分配梁和千斤顶组成。前悬吊将悬臂梁及施工荷载传递至前横梁,后悬吊在挂篮行走时作为外模后吊点,同时将该部分荷载传至后桁架。上弦梁挂篮前、后悬吊系统分别如图4.6、图4.7所示。

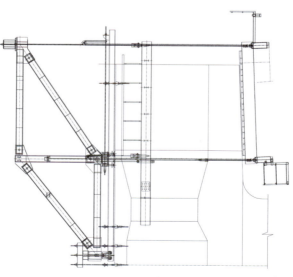

图 4.3　上弦梁挂篮施工总体布置图

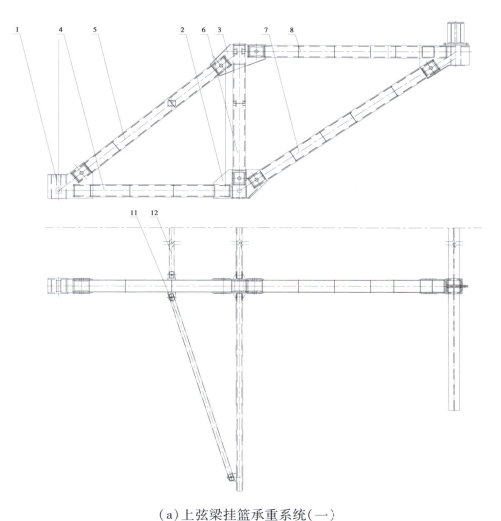

（a）上弦梁挂篮承重系统（一）

1—连接点1；2—连接点2；3—连接点3；4—杆1；5—杆2；

6—杆3；7—杆4；8—杆5；11—连杆1；12—连杆2

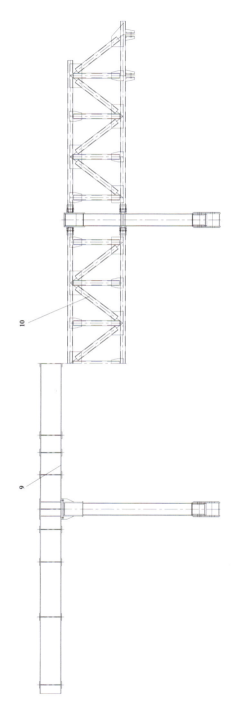

（b）P2/P3 上弦梁挂篮承重系统（二）

9—前横梁；10—后横梁

图 4.4　上弦梁挂篮承重系统

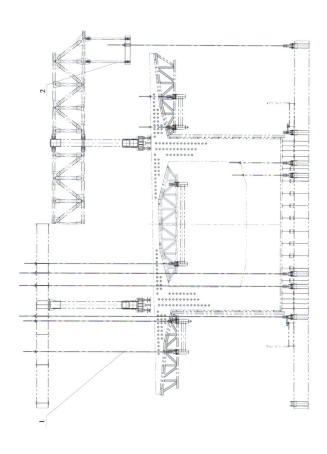

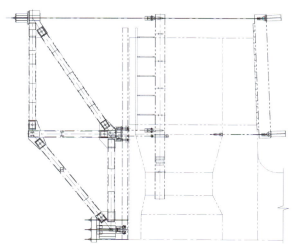

图 4.5　上弦梁挂篮悬吊系统

1—前悬吊；2—后悬吊

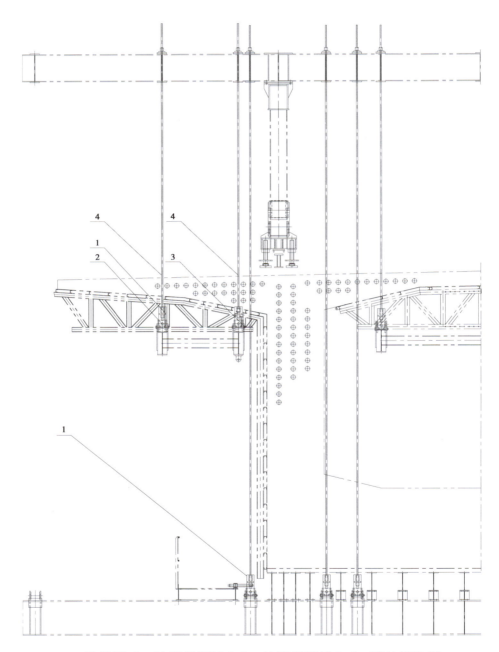

1—连接器;2—连接器销轴 1;3—连接器销轴 2;4—精轧螺纹钢

图 4.6 上弦梁挂篮前悬吊系统

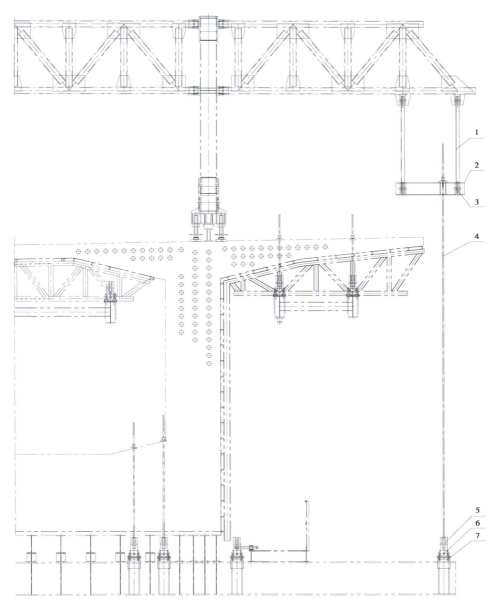

1—悬吊杆;2—后悬吊梁;3—吊杆销轴;4—精轧螺纹钢及螺母、垫片;

5—连接器;6—连接器销轴 1;7—连接器销轴 2

图 4.7 上弦梁挂篮后悬吊系统

4.2.4　锚固系统包括行走轨道的锚固、主桁架后锚和模板系统后锚。行走轨道锚固利用箱梁预埋精轧螺纹钢和预留孔作为锚固点,采用精轧螺纹钢作为锚杆,与槽钢上、下焊接钢板的组合梁组成,其作用是保证轨道在桥面上准确地定位,同时还作为轨道承受行走小车的受力支点。上弦梁挂篮锚固系统、主桁架后锚固系统、轨道锚固系统分别如图 4.8、图 4.9、图 4.10 所示。

4.2.5　行走系统应包括主桁行走小车、轨道、前支点行走滑船等。承重主桁架通过前支点行走滑船和后端行走小车在箱梁顶面铺设的轨道上由行走油缸顶推前移,主桁行走小车车轮卡在轨道翼缘,确保主桁架平稳前移,保障施工安全。

4.2.6　操作平台系统由桁架顶面平台、底篮前后及两侧操作平台组成。平台形成了完整可通达施工作业点的施工操作空间及行走通道,能够满足悬臂梁内(外)模板安装、对拉螺杆拆装、锚固组件的拆装及挂篮位置调整等功能。

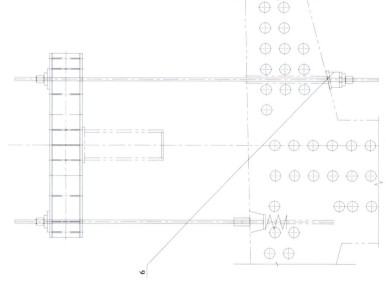

1—主桁架后锚固;2—轨道锚固;3—顶模及侧模后锚;
4—底篮后锚;5—分配梁;6—斜垫

图4.8　上弦梁挂篮锚固系统

连接器

竖向预埋筋

1
2
3
4
5
6

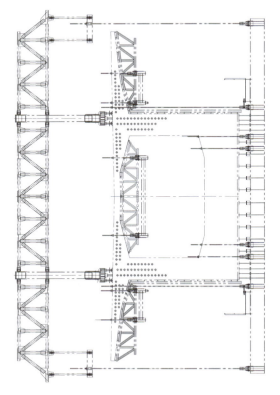

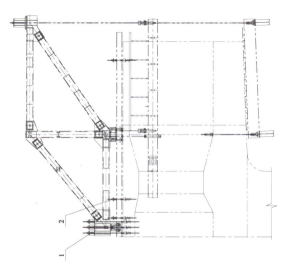

1—主桁架后锚固;2—轨道锚固

图 4.9 主桁架后锚固系统

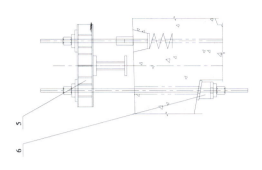

连接器

1—精轧螺纹钢;2—精轧螺纹钢螺母;3—精轧螺纹钢垫板;
4—平垫;5—顶锚梁;6—斜垫

图4.10 上弦梁挂篮轨道锚固系统

## 4.3  临时塔架要求

4.3.1  临时塔架应由锚箱、锚箱横撑、索导管、弧形底座、钢立柱及埋件和塔架基础等部分组成,临时塔架总体布置图如图4.11所示。

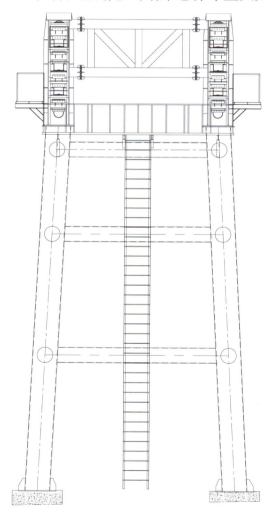

图4.11  临时塔架总体布置图

4.3.2 临时塔架施工可按图4.12所示的工艺流程进行。

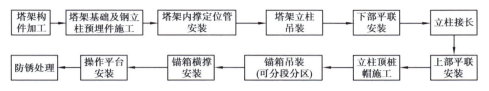

图4.12 临时塔架施工工艺流程

4.3.3 临时塔架拉索施工可按图4.13所示的工艺流程进行。

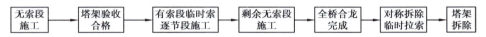

图4.13 临时塔架拉索施工工艺流程

# 4.4 上弦梁挂篮悬浇施工要求

4.4.1 上弦梁挂篮悬浇施工工艺可按图4.14所示的流程进行。

4.4.2 待已浇筑梁段混凝土强度和弹性模量达到设计要求后，对纵、横、竖向预应力筋张拉，有扣索节段必须完成扣索张拉及索力检测符合要求后，方可前移上弦挂篮。

4.4.3 挂篮行走步骤。

（1）轨道接长并垫实固定；

（2）解除模板系统后锚，使模板脱离并检查关联情况，转换为行走状态；

（3）解除承重主桁后锚，使倒扣轮受力；

（4）检查行走前方及轨道侧无障碍物后，两片主桁同步行走，及时跟进轨道压梁；

（5）行走到位后检查挂篮主桁位置并固定承重主桁后锚；

（6）侧模、底篮等模板系统、吊杆系统转换为浇筑状态；

（7）测量复核完成就位。

4.4.4　挂篮前移到位后按监控指令进行测量复核，满足要求后方可进行钢筋安装。钢筋按照"底板→腹板→顶板"的顺序依次进行安装。

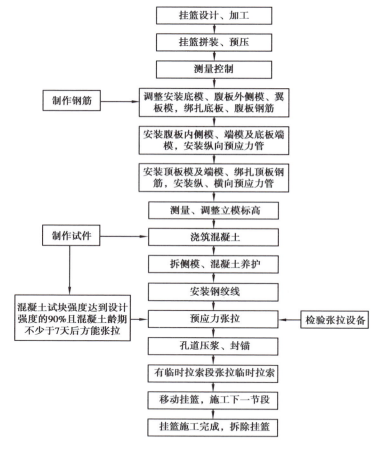

图4.14　上弦梁挂篮悬浇施工流程

4.4.5　钢筋施工与预应力束管道定位要求。

（1）底板上、下层的定位钢筋下端必须与最下层钢筋焊接连牢。

（2）钢筋与管道相碰时，只能移动，不能切断钢筋。

（3）若必须切断钢筋时，应待该工序完成后，将切断钢筋补焊好。

（4）纵向预应力管道随着箱梁施工进度将逐节加长，多数都有平弯和竖弯曲线，因此管道要定位准确牢固，接头处不得有毛刺、卷边、折角等现象，接口处要封严，不得漏浆。

（5）横向预应力管道采用扁平波纹管，安装时必须要顺直，严禁施工人员踩踏和挤压，轧花头锚端要封严，防止漏浆。混凝土浇筑完后，必须用空压机清孔，发现阻孔时，应及时清理。

# 5　下弦拱施工

## 5.1　下弦拱悬臂挂篮施工

下弦拱悬臂挂篮施工可按图 5.1 所示的流程进行。

## 5.2　下弦拱 0 号块与 1 号块托架要求

5.2.1　下弦拱托架宜采用"托架+型钢支架"的方式进行施工。

5.2.2　下弦拱托架可采用钢桁架,每一片钢桁架采用槽钢及钢板组焊而成,且通过设置对拉杆抵消浇筑过程中水平方向的推力。图 5.2 所示为下弦拱 0 号块与 1 号块托架示意图。

5.2.3　底部加设精轧螺纹钢进行预紧加固,以确保底部支撑牢固可靠,避免受力后发生移动导致上部精轧螺纹钢受剪。

5.2.4　托架上部采用型钢支撑桁架,桁架与托架间设置卸落块,并且通过点焊进行固定。桁架中腰位置设置背楞压杆,通过精轧螺纹钢对拉,以抵抗 0 号块、1 号块施工过程中产生的水平推力,桁架上采用工字钢作为分配梁将桁架连接成一体。

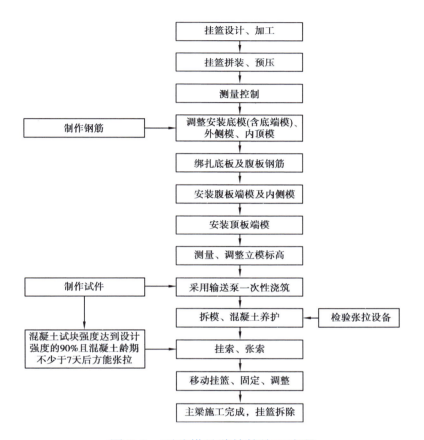

图 5.1　下弦拱悬臂挂篮施工流程

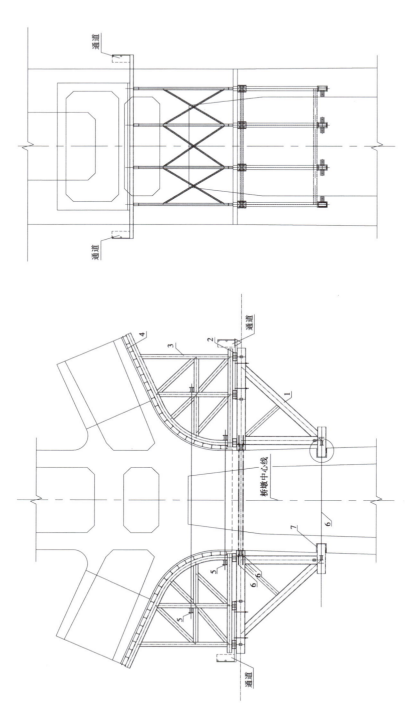

1—三角托架;2—桁架系统;3—模板支撑系统;4—钢模面板;
5—模板对拉系统;6—托架对拉系统;7—预留孔及槽口

图 5.2　下弦拱 0 号块与 1 号块托架示意图

## 5.3  托架安拆与预压要求

5.3.1  托架安装过程中,安装第一片托架时,调平托架上部水平杆后,调整其所在的竖直平面,使其与墩身前后平面垂直。第一片托架准确安装后,依次完成其他托架的安装。

5.3.2  托架安装就位后对精轧螺纹钢进行张拉预紧,采用穿心千斤顶进行张拉。下弦拱 0 号块与 1 号块托架安装现场图如图 5.3 所示。

图 5.3  下弦拱 0 号块与 1 号块托架安装现场图

5.3.3  托架预压质量应为 1 号块顶、底、腹板钢筋混凝土质量及支架模板质量之和乘以 1.2 倍的安全系数。

5.3.4  托架拆除应于下弦拱 1 号块施工完成且强度达到设计强度的 80% 以上进行,应按照"先装后拆"的原则进行拆除。

## 5.4  下弦拱施工挂篮要求

5.4.1  下弦拱悬臂施工宜采用下承式倒三角挂篮,如图 5.4

所示。

图 5.4　下弦拱倒三角挂篮结构图

5.4.2　下弦拱下承式倒三角挂篮性能参数见表 5.1。

表 5.1　下承式倒三角挂篮性能参数

| 最大悬浇长度/m | 最大节段重/t | 挂篮自重/t | 经济技术指标 |
| --- | --- | --- | --- |
| 5.0 | 218.2 | 80.5 | 0.369 |

5.4.3　下承式倒三角挂篮在各种大角度现浇拱爬坡坡度达到 27°。

5.4.4　下承式倒三角形挂篮应由承重桁架、行走系统、定位系统、锚固系统、模板系统、工作平台和预埋件系统组成。下弦拱挂篮施工总体布置示意图如图 5.5 所示。

5.4.5　承重系统主桁应由两榀倒三角形主桁构成，两榀倒三角主桁之间设置前、中、后横梁进行连接，以保证整体性。中横梁上设置耳板连接锚固系统，在主桁中间设置挂腿。挂腿是主顶系统调整挂篮姿态时的主要受力结构，同时也是挂篮行走时支撑挂篮自重的主要受力构件。下弦拱挂篮承重系统示意图如图 5.6 所示。

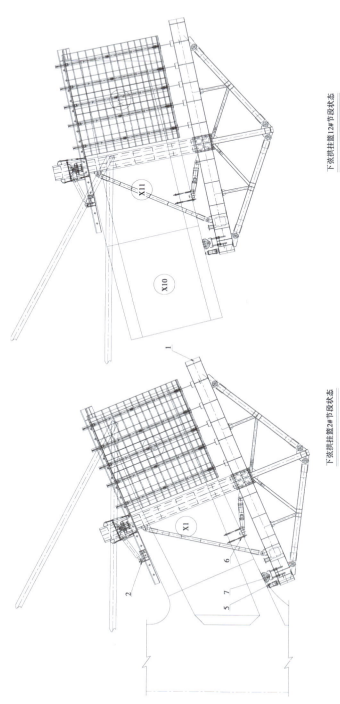

下弦拱挂篮12#节段状态

下弦拱挂篮2#节段状态

（a）下弦拱挂篮施工总体布置图（一）

1—主桁承重系统；2—行走系统；5—顶升机构；6—止推装置；7—后行走小车

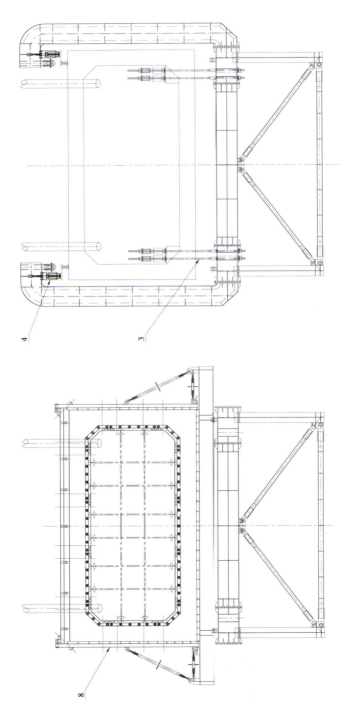

（b）下弦拱挂篮施工总体布置图（二）

3—锚固系统；4—主顶系统；8—模板系统

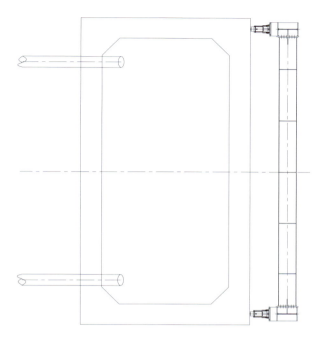

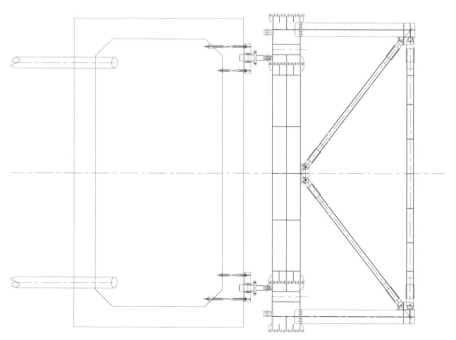

（c）下弦拱挂篮施工总体布置图（三）

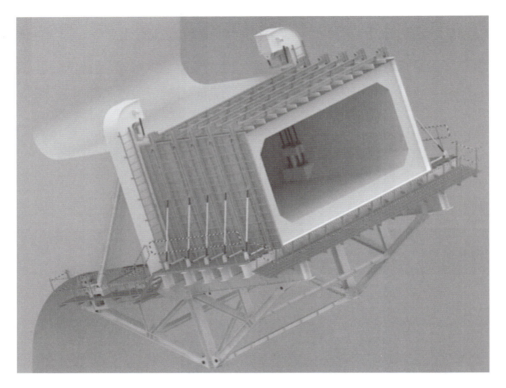

（d）下弦拱挂篮施工总体布置图（四）

图5.5　下弦拱挂篮施工总体布置图

5.4.6　行走系统应由行走轨道，前、后行走小车及推进油缸组成，如图5.7—图5.9所示。已浇筑节段混凝土强度符合设计要求后，拆除顶模，轨道先前移一个节段并锚固，下弦拱挂篮通过推进油缸推动挂篮前移。在移动过程中，更换油缸行程时必须锁紧安全销，以防止挂篮倒退。

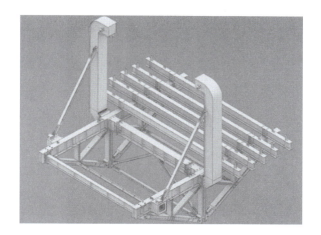

图 5.6   下弦拱挂篮承重系统

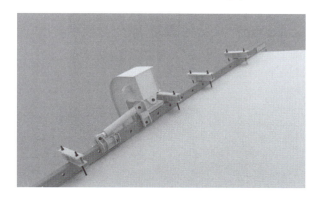

图 5.7   下弦拱挂篮行走系统前行走小车

图 5.8   下弦拱挂篮行走系统后行走小车

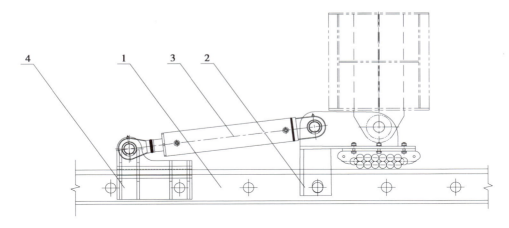

（a）单行程行走起始状态

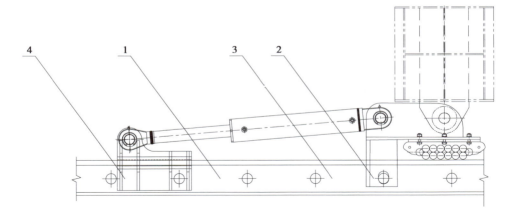

（b）单行程行走完成状态

1—行走轨道；2—行走滑车；3—行走油缸；4—反力座

图5.9　下弦拱挂篮行走系统后行走系统

5.4.7 下弦拱挂篮锚固系统包括两组中横梁锚杆组,如图5.10所示。

图5.10 下弦拱挂篮锚固系统

5.4.8 定位系统应具有实现挂篮浇筑前的初步定位及达到施工条件的精确定位时需要的微调定位功能。定位系统由顶升机构、止推机构及主顶系统等组成,如图5.11所示。

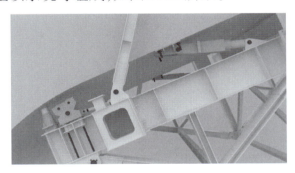

图5.11 下弦拱挂篮定位系统

5.4.9 模板系统应由外模系统和内模系统组成,外模系统由底模、侧模和顶模组成。下弦拱挂篮底模设计时,挂篮模板最大以折代曲长度不超过2.5 m,并在底模上设置固定的最大调整量。内模板需分块考虑,分块之间采用螺栓连接。在挂篮脱模时,应先移除顶模,松开对拉杆,侧模横移,然后随底模与挂篮整体下降脱模。下弦拱挂篮模板系统示意图如图5.12所示。

图5.12　下弦拱挂篮模板系统

5.4.10　挂篮应设置工作平台,如图5.13所示。工作平台主要供施工人员往返,禁止在其上放置重物和机具。

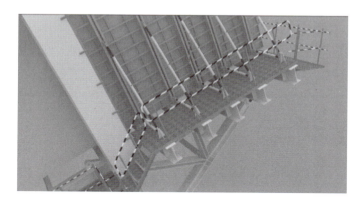

图5.13　下弦拱挂篮工作平台

## 5.5　下弦拱倒三角挂篮制作与安装要求

5.5.1　挂篮应按设计图纸加工,挂篮构件应集中在场内加工。

单只挂篮构件生产完成后,需进行试拼,并喷漆和编号。

5.5.2　挂篮各构件生产齐全后,应根据施工场地情况进行进场安排。现场安装时应对称同步。单只挂篮的构件需根据出场编号进行组装。

5.5.3　安装顺序。

(1)拼装单只挂篮的三角桁架,将锚固螺杆和顶升小车安装至桁架上;

(2)吊装三角桁架和螺杆至下弦拱 1 号块底部锚固块;

(3)安装止推装置;

(4)安装悬吊系统;

(5)安装模板系统和走道系统;

(6)安装行走系统和油压系统。

5.5.4　安装完成后应对下弦拱倒三角挂篮进行预压。预压重量应根据节段重量确定。挂篮预压可采用堆载方法进行,如图 5.14—图 5.16 所示。

5.5.5　预压注意事项。

(1)铺设底模板后,预压前应加强对支架的全面检查,确保支架在荷载作用下无异常变形。

(2)在加载及卸载过程中,要求两个挂篮基本同步,其不对称质量不允许大于 5 t,同时必须随时对挂篮情况进行观测,特别是各节点(包括焊缝)受力情况,以免发生意外。

(3)加载过程中应安排专人加强对挂篮变形情况的观测,如有异常变形,应及时通知现场施工管理人员立即停止加载,在采取足够的加固措施后,方可继续加载,以免出现重大安全事故。

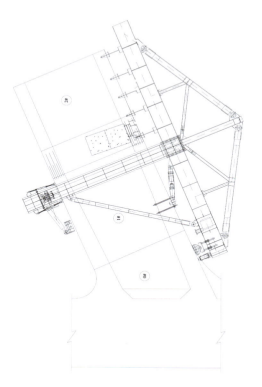

图 5.14　挂篮预压平台搭设及预压布置

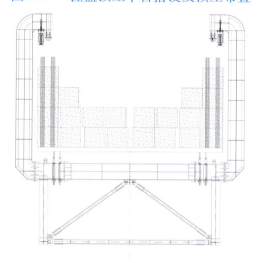

图 5.15　挂篮预压横断面图

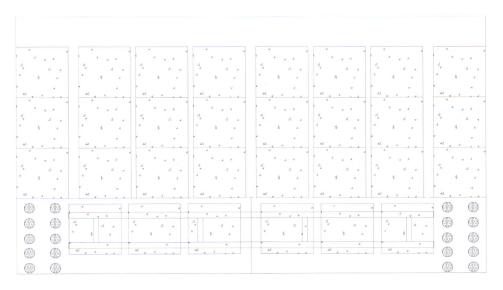

图 5.16　挂篮预压平面图

　　(4)加载及卸载过程应加强施工现场安全保卫工作,确保各方面的安全。

　　(5)预压完成后,根据挂篮变形情况,采取必要的措施对薄弱环节进行加强,确保施工安全和工程质量。

## 5.6　下弦拱倒三角挂篮行走工序

　　5.6.1　混凝土浇筑及扣索张拉完成后,做好挂篮行走准备,如图 5.17 所示 。

　　5.6.2　移除顶模,如图 5.18 所示。

　　5.6.3　侧模横移脱模,如图 5.19 所示。

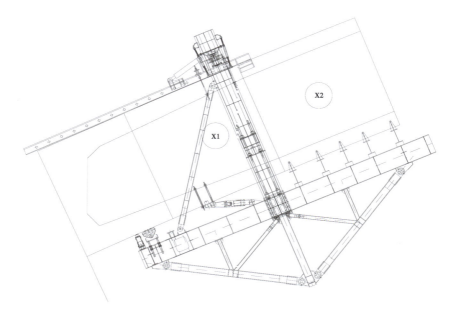

图 5.17    混凝土浇筑及扣索张拉完成

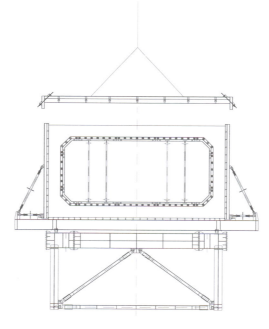

图 5.18    顶模板拆除

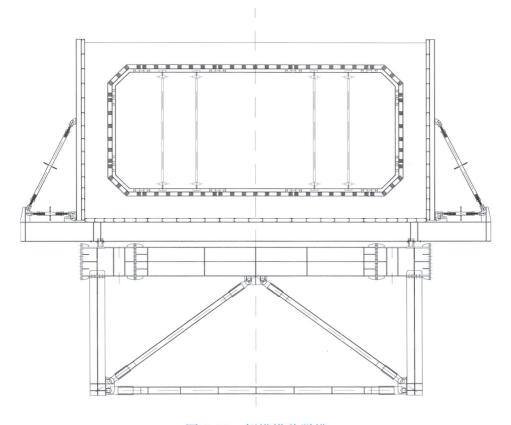

图 5.19　侧模横移脱模

5.6.4　前移行走轨道并锚固,如图 5.20 所示。

5.6.5　拆除锚固系统,如图 5.21 所示。主顶将挂篮下放,将行走小车降落至行走轨道。

5.6.6　调整后主顶,如图 5.22 所示,应使后小车受力。

5.6.7　拆除止推机构,如图 5.23 所示。

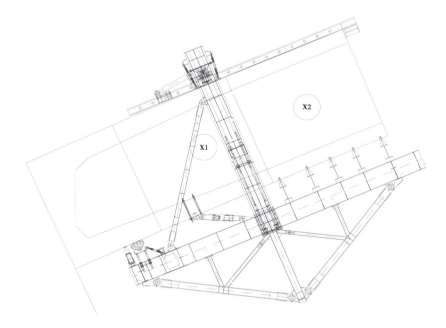

图 5.20 前移行走轨道并锚固

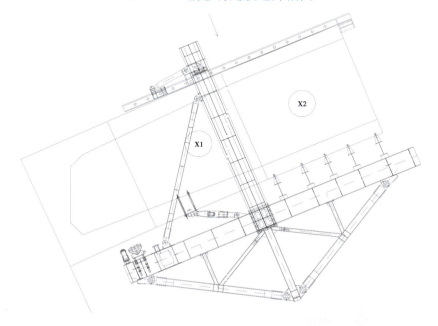

图 5.21 拆除锚固系统

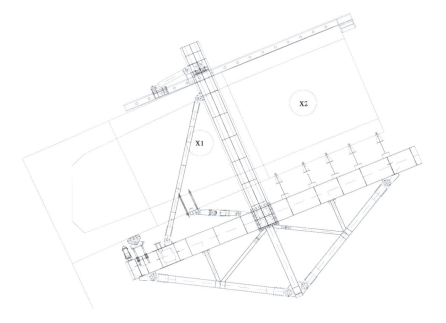

图 5.22 调整后主顶

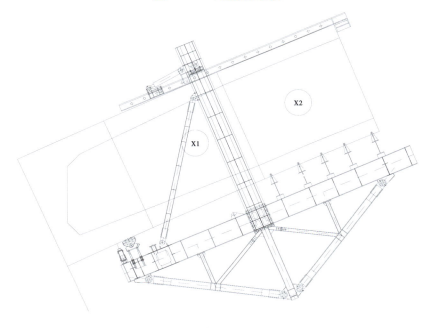

图 5.23 拆除止推机构

5.6.8 挂篮在行走油缸作用下前移至下一节段,如图 5.24 所示。

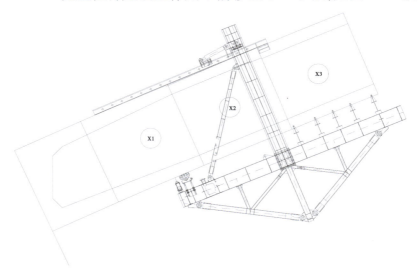

图 5.24 挂篮前移至下一节段

5.6.9 安装止推机构,如图 5.25 所示。应调整止推机构千斤顶伸长,使模板基本与下一节段平行。

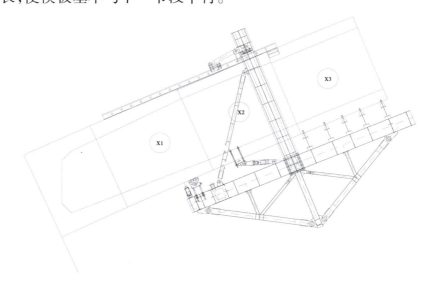

图 5.25 安装止推机构

5.6.10　安装锚固系统,如图 5.26 所示。应利用前主顶配合顶升及锚固组提升挂篮,调整至浇筑位置。

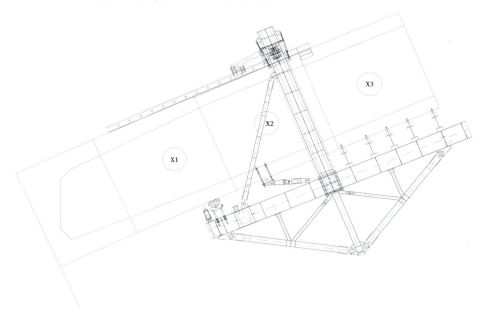

图 5.26　安装锚固系统

# 6 上弦梁与下弦拱斜拉扣挂施工

## 6.1 上弦梁临时拉索施工要求

6.1.1 主墩的0#、0′#块及下弦拱的1#、1′#块施工完成后,可通过在主墩顶0#块上预留的钢绞线、钢筋等安装上弦梁临时塔架。

6.1.2 上弦梁拉索施工可按图6.1所示的流程进行。

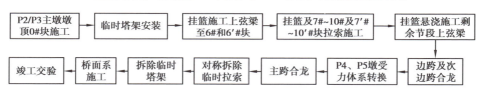

图6.1 上弦梁拉索施工流程

6.1.3 上弦梁临时拉索施工要点。

(1)按设计结合监控指令准确定位辅助锚固点与张拉位置。

(2)对设计要求的材料进行精加工制作,材质应符合设计及国家相关规范要求。

(3)临时拉索现场施工必须与桥梁线形控制、监控单位指令要求协调一致,张拉力按监控指令进行控制,张拉中遵循分级、同步张拉原则,控制张拉力误差。

（4）对临时扣索及其锚固结构进行有效的防腐处理，避免临时扣索因腐蚀发生破坏。具体要求为：临时扣索采用外包 PE 的钢绞线，两端采用防腐油脂对锚具端部进行防腐。

## 6.2　下弦拱临时拉索施工要求

6.2.1　在下弦拱0#块施工完成后可进行下弦拱间墩身施工。

6.2.2　下弦拱 2# ~ n#节段施工时，应通过锚固在上弦梁、下弦拱中间的墩身 PE 钢绞线临时索进行辅助施工，张拉端均设置在下弦拱顶板，锚固端为上弦梁、下弦拱间墩身顺桥向位置。

6.2.3　施工顺序应符合施工设计要求。

6.2.4　临时拉索应委托专业单位制作，并严格按照国家或部委颁布的行业标准和规定生产，并进行检测和验收。拉索成品、锚具交货时，提供产品质量保证书、产品批号及型号、生产日期、数量、长度、质量和产品出厂检验报告及有关数据。临时拉索的运输和堆放应无破损、无变形、无腐蚀。

6.2.5　临时拉索安装步骤。

（1）放索。拉索运至现场时采用包圈包装，放索前制作放索盘，放索时将成圈索放置在放索盘中，用卷扬机牵引使拉索展开。

（2）拉索水平牵引。使用卷扬机进行水平牵引。每 5 m 放置一个托辊，避免拉索与桥面摩擦损坏。

（3）拉索起吊。拉索的起吊采用塔吊为主、卷扬机配合的起吊形式。

（4）拉索锚固端安装。由卷扬机与塔吊配合完成，塔吊或卷扬机与索的连接吊点使用专用的吊装索夹。

（5）拉索张拉端安装。将拉索的张拉端穿入套管,安装锚具(工具夹片、锚垫板),拉索外露长度满足张拉要求。

# 6.3　临时拉索张拉与索力调整要求

6.3.1　临时拉索安装施工要点。

（1）张拉施工设备和方法根据设计索型、锚具、布索方式,塔(墩身)和梁的构造确定。

（2）拉索张拉的顺序、级次数和量值按施工监控单位提供的数据和参数施工。以振动频率计测定的索力或油压表量值为准,以延伸值作为校核,并应考虑拉索防振圈以及索的弯曲刚度等状况对测量值予以修正。

（3）拉索张拉按"分级""等力"的原则进行,每根同级的索力允许误差为±1％,左右侧索力误差大小控制在±10％以内。

（4）拉索(组)必须对称同步张拉。每根拉索各股钢绞线的离散误差不大于理论值的3％;横桥向相同编号的拉索之间的张拉力差值不大于整索索力理论值的1％;整索索力误差不大于理论值的2％。

（5）施工跨中合龙段前,应采用传感器或振动频率计检测各拉索索力值,同时应视防振圈和拉索的弯曲刚度等状况对测量值予以修正。每组拉索及每根拉索的拉力误差超过设计规定时应进行调整。调整时,可从超过设计索力最大或最小的拉索开始(放松或拉紧),直到调至设计索力;同时应对临时塔架和相应梁段进行位移检测,并做存档记录。

（6）钢绞线下料完成后，需将钢绞线两端的 PE 护套按计算好的长度剥除掉，剥皮时应注意刀具或锯片不能伤及钢绞线。图6.2 所示为拉索锚固端安装示意图。

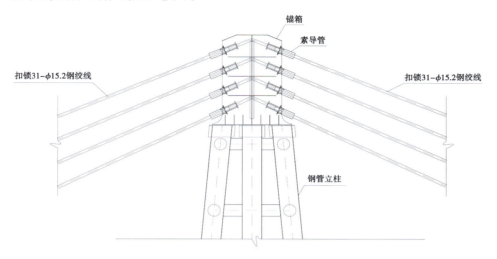

图6.2　拉索锚固端安装示意图

6.3.2　临时索张拉施工要求。

（1）主墩顺桥向前后张拉索中心线与水平线角度设计不完全一致时，需确保锚垫板面与张拉索垂直。如果现场有偏差张拉时，需调整索力值以满足张拉要求。

（2）为保证施工时的牵引力，所有施工辅助设施在使用前须进行1.2 倍牵引力对拉试验。

（3）每对拉索张拉完成后，对墩身、梁的锚固区及时进行防腐、防锈蚀等防护处理。

# 6.4　临时拉索拆除与孔洞填充要求

6.4.1　拆除拉索时,对于已有的施工平台或吊篮,需拆除拉索保护装置,对称拆除对应的临时拉索。

6.4.2　临时拉索对称拆除后,用掺加微膨胀剂的与梁体同等级及以上的混凝土或高强度砂浆进行孔洞封堵,保持梁体和墩身表面平整、光洁。

6.4.3　在临时拉索拆除过程中,应加强安全控制。

# 7 上弦梁与下弦拱结合段施工

## 7.1 梁拱异步立体交叉施工方法

　　上弦梁、下弦拱结合段施工宜采用梁拱异步立体交叉施工方法，上弦梁、下弦拱结合段施工时进行交叉转换并组合施工，即上弦梁、下弦拱仍由各自的挂篮施工，在结合段施工前上弦梁、下弦拱施工保持相互独立、互不影响的状态，如图7.1所示。

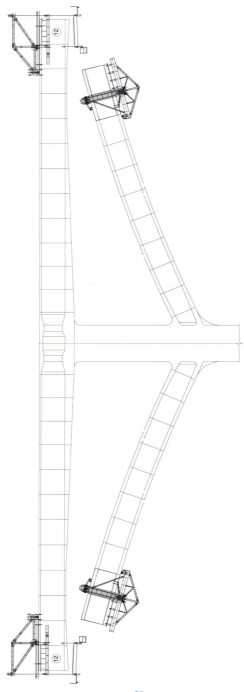

（a）下弦梁浇筑至 10#块段后暂停浇筑，上弦梁挂篮施工至 12#块段

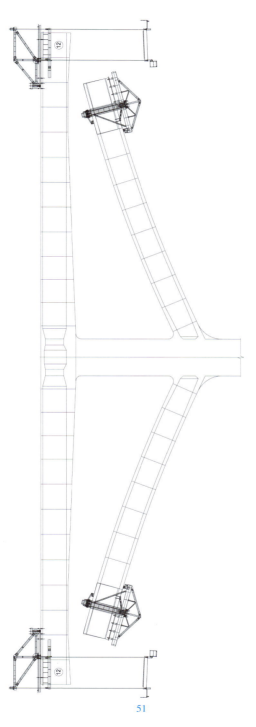

（b）下弦梁前移至11#块段作准备，上弦梁挂篮底篮下放10～12 m

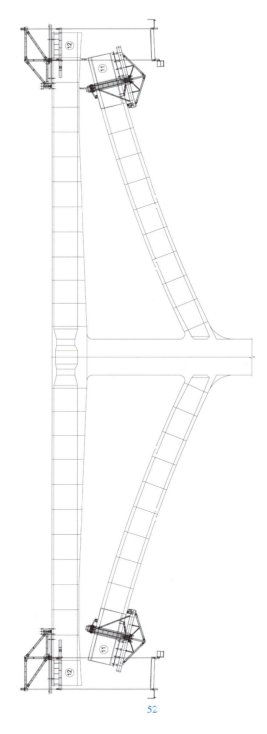

（c）下弦梁挂篮前移至11#块段，开始下弦11#块段施工，上弦暂停施工

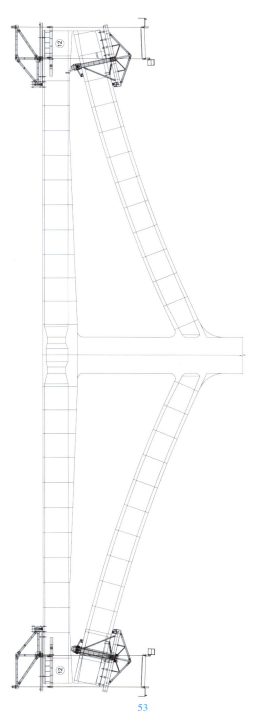

（d）下弦梁挂篮前移至 12#块段，开始下弦 12#块段施工，上弦暂停施工

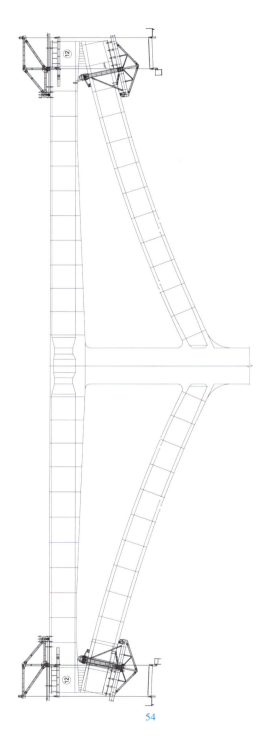

（e）下弦梁 12#块段浇筑完成后，待混凝土强度达到一定强度后，在 12#块段上安装临时锁定

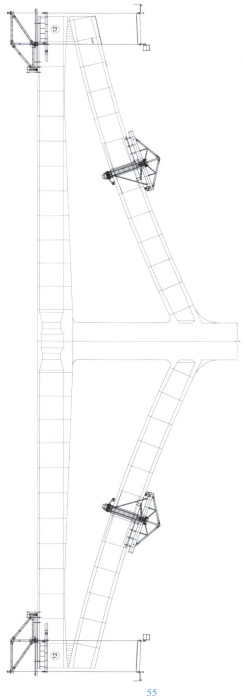

（f）下弦梁 12#块段浇筑完成后，待混凝土强度达到一定强度后，在 12#块段上安装临时锁定，下弦挂篮开始后移，最后从下弦根部位置拆除

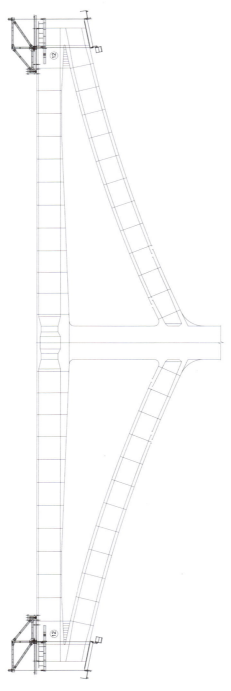

（g）上弦挂篮底栏上移13#块底板位置，挂篮前移至13#块段，重新拼装挂篮外模板

图7.1 上弦梁、下弦拱挂篮梁拱异步立体交叉施工方法示意图

## 7.2 挂篮下放要求

7.2.1 如图 7.2 所示,上弦梁施工至上、下弦结合前的节段后,待混凝土浇筑、养护及预应力张拉等施工全部完成后,挂篮先不前移,挂篮上部固定不动,底篮部分需要下放 10~12 m,主要连接器为悬杆精轧螺纹钢接长。

7.2.2 先用链滑车分别布置在底篮前、后横梁和前、后上横梁,连接部位在横梁端头 1~2 m 以内。每一个链滑车配备一根悬杆作为保险,链滑车与精轧螺纹钢同步操作控制底篮下放和提升。链滑车固定好之后,松开悬杆上部螺栓,开始底篮的下放,悬杆在上部位置采用连接器进行连接。底篮每下放 50 cm,对底篮平整情况进行一次检查,如果不平整,需及时调平后继续下放,根据现场实际情况下放 10~12 m 后停止。然后固定上悬杆螺栓,检查挂篮各部件固定情况,要求全部部件固定良好。

7.2.3 上弦梁挂篮下放过程应采取的安全措施。

(1)上弦梁挂篮施工上、下弦结合前节段(上弦 12#块段)时,上弦梁挂篮底篮通过链滑车下放,保持底篮慢速均匀下放。下放过程中,对下弦拱要安排专人进行观察,随时通报底篮平衡情况,底篮每下放 50 cm,对底篮平整情况进行一次检查,如果不平整,需及时调平后继续下放。

(2)挂篮底篮下放到位后,对底篮悬吊进行固定,检查挂篮各部件固定情况,要求全部部件固定良好。

(3)底篮下放施工尽量选择无风天气,底篮下放过程中,如气象状况比较恶劣(风力超过 6 级),应停止下放作业。

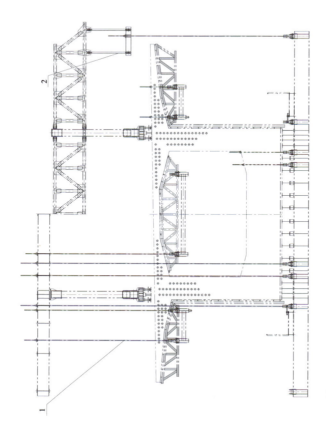

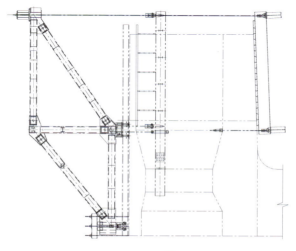

1—前悬吊;2—后悬吊

图 7.2　挂篮下放

（4）底篮下放到位后，为保证在大风天气下挂篮不会大幅晃动，上弦挂篮侧面及端面每两根精轧螺纹钢使用钢丝绳进行对角连接，加强悬吊稳固性，必要时可采用工字钢将上弦挂篮底篮与下弦12#块段底板锁定。

（5）底篮悬吊过程中，定期检查精轧螺纹钢紧固件状态，保证悬吊稳固。

## 7.3　下弦拱挂篮后移及拆除要求

7.3.1　下弦拱挂篮拆除时间在上、下弦结合前节段施工完成，待混凝土强度达到设计强度的90%，养护时间不小于7天。临时索全部张拉完成后，先退后1节段，待上、下弦结合前节段之间的临时锁定完成后，挂篮继续后退直至拆除。

7.3.2　下弦拱挂篮在上、下弦结合前节段浇筑完成后，待混凝土强度达到设计强度的75%，拆除侧模。侧模拆除后，先放至上弦梁挂篮底篮上，以便后续为13#块段施工侧模拼装做准备。

7.3.3　上弦挂篮行走到上、下弦结合段下放后，下弦挂篮因受上、下弦结合前节段空间影响导致其端部三角区位置（图7.3）挂篮模板无法施工，因此施工下弦拱上、下弦结合前节段时，端部三角区通过箱室内模支架搭设木模板进行施工。

## 7.4　临时锁定要求

7.4.1　上弦梁上、下弦结合前节段纵、横、竖向预应力张拉完成后,且下弦拱上、下弦结合前节段强度达到设计强度的 90% 以上后,进行上、下弦结合前节段临时锁定。上、下弦结合前节段在上弦梁底板和下弦拱顶板之间采用工字钢和精轧螺纹钢筋锁定,提前临时锁定上、下弦的顶板、底板和腹板对应位置,同时下弦拱下承式倒三角形挂篮后退 1 节段。

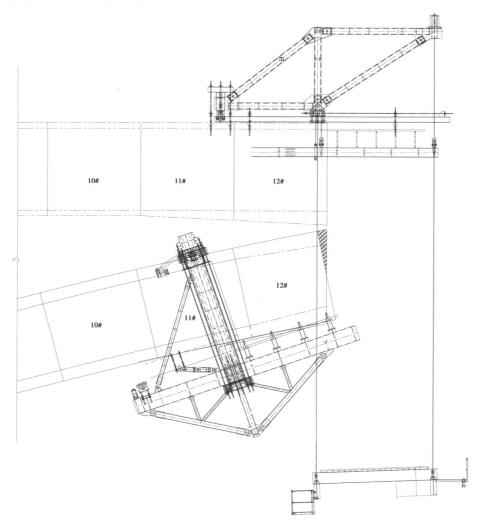

图 7.3　下弦挂篮上、下弦结合前节段(12#)端部三角区示意图

7.4.2 临时锁定施工顺序。

（1）在施工上、下弦结合前节段时，在上弦梁底板（上弦 12#块段）和下弦拱顶板（下弦 12#块段）提前预埋钢板。

（2）在施工上弦梁 12#块段底板和下弦拱 12#块段顶板时，提前预埋 PVC 管，上弦梁与下弦拱 12#块通过预埋在 PVC 管里的精轧螺纹钢连接。

（3）对工字钢的安装，需提前根据图纸尺寸加工工字钢，主要根据图纸提前加工工字钢两端并量好尺寸，加工完成后在下弦上、下弦结合前节段（下弦 12#块段）拆除完模板后开始安装。工字钢两端和预埋钢板之间满焊，并焊接牢固。工字钢安装时，纵桥向由 12#块段梁端部向内依次安装，横桥向两端对称安装。

（4）对精轧螺纹钢的安装，待工字钢安装完成后进行精轧螺纹钢的安装。精轧螺纹钢从上弦上、下弦结合前节段（上弦 12#块段）箱室中向下弦上、下弦结合前节段（下弦 12#块段）箱室中从预埋的 PVC 管中穿过，上、下端采用垫板和螺母固定并预紧（预紧顺序为纵桥向由上、下弦结合前节段梁端部向内，横桥向两端对称预紧），上端在上弦上、下弦结合前节段（上弦 12#块段）底板上表面，下端在下弦 12#块段顶板下表面。图 7.4 所示为三角区锁定示意图。

（5）质量检验内容。

①上弦梁与下弦拱预埋钢板位置应与设计图纸保持一致，纵、横向位置偏差不超过 0.5 cm。

②工字钢的安装。需提前根据图纸尺寸加工工字钢，保证加工后的工字钢长度与图纸标尺尺寸匹配，主要根据图纸提前加工工字钢两端并量好尺寸，加工好之后在下弦上、下弦结合前节段（下弦 12#

块段)拆除完模板后开始安装,工字钢两端和预埋钢板之间焊缝满焊,并焊接牢固。

③上(下)弦上、下弦结合前节段预留的 PVC 管孔洞尽可能保证上下中心对齐,偏差不超过 0.5 cm。

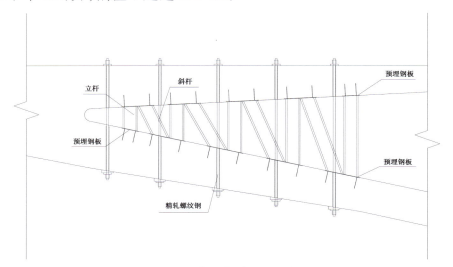

(a)三角区锁定立面图

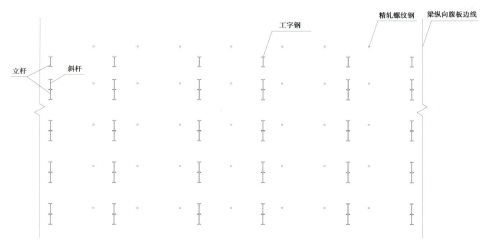

(b)三角区锁定平面图

图 7.4 三角区锁定示意图

7.4.3 模板系统要求。

（1）上、下弦结合段模板系统中，外侧模板应由上弦菱形挂篮模板和下弦倒三角挂篮外侧面板组成。上、下弦挂篮外模采用的是与挂篮形式相匹配的可调节悬臂梁高度的定型钢模板形式，定型钢模板按挂篮设计施工图操作要求逐节安装，上弦挂篮在上、下弦结合前节段（上弦12#块段）时，下弦挂篮施工下弦12#块段完成后，拆除下弦挂篮外侧模板，拆除的外侧模板放至上弦挂篮底篮上，待上弦挂篮前移至上、下弦结合段且底篮高度调整至其底板处，开始拼装外侧模板，模板面采用螺栓连接。拼装时采用型钢搭设简易的操作平台，用承载力为3 t的链滑车提升或下降配合。上、下弦结合段模板布置及上、下弦结合段后节段挂篮模板布置示意图分别如图7.5、图7.6所示。

（2）上、下弦结合段下箱室内模采用方木加胶合板组成，上箱室采用挂篮定型钢模板。内外模板采用精轧螺纹钢拉杆对拉，一般间距控制在100 cm，呈梅花形布置。两块侧模顶部分别焊角钢作为竖带，用高强度钢丝绳对拉，根据结构尺寸调整加固，转角或局部受力较大处需要加固处理。

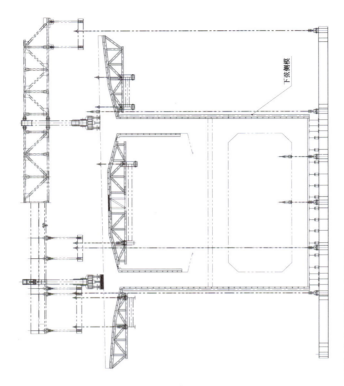

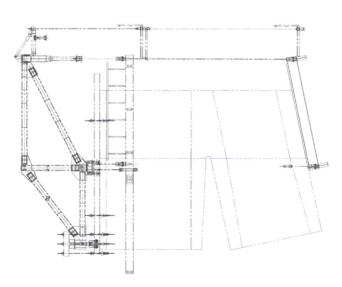

图 7.5 上、下弦结合段模板布置图

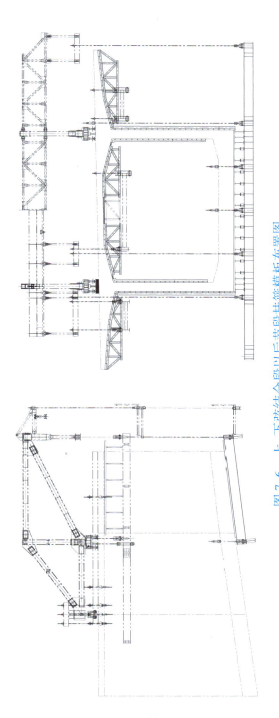

图 7.6　上、下弦结合段以后节段挂篮模板布置图

# 8 施工监控

## 8.1 一般规定

8.1.1 对梁拱组合连续刚构桥,施工控制工作应包括主墩控制、梁拱三角区段控制、常规梁段施工控制、合龙控制。

8.1.2 施工前应实测混凝土容重、弹性模量,合理确定混凝土收缩徐变等力学参数和预应力管道摩擦系数等控制参数。

8.1.3 施工阶段应测试各工况下的主梁线形与应力、扣索力等参数,减小与设计目标的偏差。

8.1.4 应根据现场实际情况,按照施工监控方法对主梁和下弦拱节段施工控制高程、主梁和下弦拱立模标高等进行计算,提供正确的数据以指导施工。

8.1.5 各施工阶段的施工过程应进行动态监控,动态监测整个上部结构施工过程中各梁段中线位置及节点标高,考虑施工过程中各种施工因素差异,并根据施工控制计算挠度值与实测各梁段节点挠度偏差值大小和方向采取相应措施,及时调整待浇梁段立模标高。

8.1.6 成桥后线形应控制在±3 cm 以内,线形平顺;梁体应力不超过设计要求;临时拉索应力控制在设计应力±5%以内。

8.1.7　线形控制要求。

(1)主梁和下弦拱悬臂浇筑的线形应为主梁和下弦拱设计线形与预拱度之和。

(2)主梁和下弦拱悬臂浇筑线形应为主梁和下弦拱温度修正线形与节段悬臂浇筑线形调整值之和。

(3)节段悬臂浇筑线形调整值的计算应以主梁和下弦拱成桥理论线形为控制目标,根据悬臂浇筑结构体系在悬臂浇筑过程中的线形变化量,进行线形拟合计算,并确定节段悬臂浇筑线形调整值。

# 8.2　施工监测

8.2.1　混凝土弹性模量、容重及梁体不平衡重监测。

(1)混凝土弹性模量的测试主要是为了测定混凝土弹性模量 $E$ 随时间的变化规律,采用现场取样的方式通过万能试验机进行测定。

(2)混凝土弹性模量和容重的测量在进行现场取样时,应实测混凝土容重,采用试验室的常规方法进行测定。

(3)梁体不平衡监测需对构件截面尺寸和混凝土浇筑方量进行精确监测记录。

8.2.2　线形监测内容主要包括主梁高程控制基准点的复核、中线及主梁标高测量。

8.2.3　应力和温度测试应包括但不限于主梁跨中截面、墩顶截面等部位。

# 8.3 监控计算

8.3.1 梁拱组合连续刚构桥的施工监控计算应包括设计符合性计算、参数敏感性分析、施工仿真与跟踪计算、成桥运营状态验算、施工工序优化计算,并结合实际施工方案、现场材料与结构特殊性,在必要时增加局部计算分析。

8.3.2 施工监控计算应提供下列结果:

(1)施工阶段主梁、桥墩控制截面高程与变形。

(2)梁拱三角区段和梁拱结合段各阶段扣索索力、主梁应力及线形变化。

(3)施工阶段主梁、桥墩控制截面应力。

(4)主梁的施工阶段及成桥阶段预拱度设置参数。

(5)主墩预抬高量参数。

(6)合龙时的结构配重、顶推力或位移等参数。

(7)跟踪计算模型的运营阶段桥梁内力和变形状态。

8.3.3 合龙顶推计算应综合考虑合龙温度、收缩徐变的影响,以减小成桥状态主梁收缩和长期徐变的内力,合理确定顶推位移量及顶推力参数。